Kouadio Julien KOUASSI

Le chemin de l'amour

Kouadio Julien KOUASSI

Le chemin de l'amour

Éditions Muse

Imprint
Any brand names and product names mentioned in this book are subject to trademark, brand or patent protection and are trademarks or registered trademarks of their respective holders. The use of brand names, product names, common names, trade names, product descriptions etc. even without a particular marking in this work is in no way to be construed to mean that such names may be regarded as unrestricted in respect of trademark and brand protection legislation and could thus be used by anyone.

Cover image: www.ingimage.com

Publisher:
Éditions Muse
is a trademark of
Dodo Books Indian Ocean Ltd. and OmniScriptum S.R.L publishing group

120 High Road, East Finchley, London, N2 9ED, United Kingdom
Str. Armeneasca 28/1, office 1, Chisinau MD-2012, Republic of Moldova, Europe
Printed at: see last page
ISBN: 978-620-4-96323-5

TABLE DES MATÈRES

DÉDICACE

À toi ma Fée qui a pu m'accueillir dans le royaume de ton cœur pour panser mes pensées et blessures d'antan.

REMERCIEMENTS

À toutes ces rencontres que j'ai faites sur cet épineux chemin qu'est celui de l'amour. Des trahisons, des déceptions, j'ai pu trouver mon inspiration ; j'ai su tirer leçons.

INTRODUCTION

LE CHEMIN DE L'AMOUR

L'amour s'entend comme un sentiment intense d'affection et d'attachement envers un être vivant ou une chose. Il est aussi une affection profonde pour quelqu'un(e) ou quelque chose. Psychologiquement parlant, il se définit comme un affect lié à la libido qui fait tendre le sujet vers un objet affectif qui peut être une autre personne ou une partie d'une autre personne ou un objet. Retenons, par-dessus tout, que l'amour renvoie la plupart du temps à un profond sentiment agréable de tendresse qui incite les êtres à s'unir.

Cependant l'intensité du degré d'amour varie selon le type de relation qu'on entretien avec l'être aimé ou l'objet aimé. L'amour est, par exemple, au stade de la simple tendresse lorsqu'il s'agit soit d'aimer ses enfants soit d'aimer les membres de sa famille. C'est le sentiment appelé la storgê. Or, le degré du désir ou de l'amour devient plus ardent voire passionné chez les amants, étant donné qu'il est ressenti avec une grande intensité et qu'il exerce un fort pouvoir érotique ou une attirance sexuelle. Il s'agit, dans cette perspective, du sentiment d'éros qui est un amour charnel par opposition à agapè. L'agapè est l'amour du prochain, une relation univoque que l'on rapprocherait aujourd'hui de l'altruisme. Il est spontané, irréfléchi ; une forme de politesse mais une réelle empathie pour les autres qu'ils soient inconnus ou intimes. À côté de ces trois sentiments d'amour, il y a aussi la philia. La philia se rapproche de l'amitié telle qu'on l'entend aujourd'hui. C'est une forte estime réciproque entre deux personnes de statuts sociaux proches. Autrement dit, c'est un amour désintéressé et sans désir de possession de l'autre.

Au vue de ces quatre sentiments distincts il faut, d'une part, aisément comprendre que l'intensité de l'amour diffère d'un type de relation à un autre. D'autre part, il serait dépourvu de raison de vouloir confondre storgê, éros, philia et agapè. Cette précision est loin d'être inutile dans la mesure où on entend le plus souvent des personnes rouspéter lorsqu'elles ont été choquées dans leur relation avec autrui : « donc tu aimes ta femme plus que moi ! Moi ta mère ? », « Tu aimes ta maman plus que moi ta femme ! Dans ce cas tu auras à faire un choix entre elle et moi. Etc. ». Il n'y a pas de comparaison à faire entre ces deux types de sentiments pour parler de choix à faire.

Dans ce présent livre, le sentiment qui retiendra notre attention est celui d'éros. Mais d'abord, quelle est l'origine de ce sentiment en particulier et de l'amour même en général ? La psychologie, la biologie, l'anthropologie se font, respectivement chacune, une conception sur l'origine du sentiment d'amour. La philosophie, par ailleurs, se fait une autre approche du sentiment amoureux en s'appuyant parfois sur les mythes. Qu'en est-il véritablement de ces différentes approches ?

Ensuite, il convient de souligner que le chemin de l'amour est jalonné de pièges causant parfois des dommages à ceux ou celles qui s'y frottent sans faire attention. Dès lors, la question qui taraude notre esprit est de savoir s'il est possible d'aimer sans souffrir. L'amour ne porte-t-il pas en son sein des coups et des tours parfois insupportables ? L'amoureux n'est-il pas, dans une certaine mesure, un malheureux insoucieux ? Répondre à ces questions sera l'occasion d'une mise en garde contre les affres de l'amour afin d'éviter les déceptions amoureuses qui arrachent à certains le goût de la vie et conduisent, malheureusement le plus souvent, d'autres au suicide.

Enfin, l'amour peut parfois plonger l'homme dans un désespoir fondamental, le chemin de l'amour peut être tortueux et épineux en raison des trahisons qui engendrent des déceptions. Cependant, au-delà du désespoir peut luire l'espoir. L'amour peut encore ressurgir là où on ne l'attendait plus.

LE CHEMIN DE L'AMOUR

Kouadio Julien KOUASSI

I. DES APPROCHES DU SENTIMENT AMOUREUX

- L'approche psychologique du sentiment amoureux

Ab ovo, dans son approche psychologique, l'amour s'entend essentiellement comme la quête d'un manque, lorsque la notion oblative ne s'est pas développée. Il est essentiellement perçu comme la quête d'un manque lorsque la notion oblative, c'est-à-dire ce comportement qu'une personne a à se consacrer à satisfaire les besoins d'autrui plutôt que les siens propres, ne s'est pas développée. Aimer quelqu'un ou quelque chose naîtrait alors du fait qu'il comble, chez l'amant, un vide physique ou métaphysique. Aimer ou le besoin de se sentir aimé ne serait rien d'autre qu'un besoin égoïste, qu'une attente de la personne qui serait susceptible de combler ce vide. Pour corroborer ce fait, prenons l'exemple du besoin d'avoir un enfant. Ce besoin est l'expression même du besoin d'une compagne ou d'un compagnon à nos côtés pendant notre vivant mais aussi la manifestation du désir inconscient de pérennisation de notre être quand nous ne serons plus dans le commerce des vivants. Par ricochet, ce besoin active encore le sentiment d'amour ou le besoin d'amour pour la personne attendue pour la conception de cette progéniture. Ainsi, la réalité psychique du besoin de mener son existence avec quelqu'un ou quelqu'une répond à un fort désir, ressenti par chaque être humain, de combler un vide existentiel. Or, selon Jean-Paul Sartre, « le désir est manque d'être, il est hanté en son être le plus intime par l'être dont il est désir »[1]. Il suit inévitablement que tant qu'il n'a pas encore comblé ce vide existentiel, l'homme sera toujours psychologiquement déséquilibré. Toutefois, connaissant le mode de fonctionnement du désir, il n'est pas évident que l'homme puisse véritablement combler ce manque ou ce vide qui fait son tourment.

À côté de cette approche psychologique de l'amour, il y a également l'acception biologique. Quel est, dès lors, le point de vue de la biologie sur la question du sentiment amoureux ?

[1] SARTRE J-P., *L'être et le néant*, Paris, Gallimard, 1943, p. 124.

- L'approche biologique de l'amour

Selon la zoologie, la vie et le comportement sexuels des hommes revêtent de multiples similitudes avec ceux des primates, principalement le chimpanzé nain du Congo ou bonobo. De cette façon, il serait plus pertinent de parler de comportements hominoïdes amoureux. Car, le sentiment amoureux de l'être humain apparaît comme une forme culturellement complexifiée d'un phénomène déjà présent dans le règne animal.

Par ailleurs, le rapport sexuel ou la copulation chez les humains est loin d'être si différent de l'accouplement chez les grands singes. Il est vrai que, pour accroître son plaisir, l'homme y ajoute de l'imagination. Cependant, il n'y a pas, à proprement dit, de différence de nature. De même, l'attachement durable ainsi que la formation de couples relativement stables s'observe chez les grands singes. La seule différence que l'on puisse établir est que ces animaux ne sont pas en mesure d'atteindre la diversité des comportements individuels et le rôle fondamental de l'imaginaire constatés dans la vie amoureuse humaine. Aussi, la femelle animale est-elle parfois indisponible à l'accouplement tandis que la femelle humaine l'est quasiment. Déduisons, au regard de cette analyse, que le sentiment amoureux a aussi une origine biologique. Par ailleurs, quelle est la conception de la philosophie sur cette question ?

- L'approche philosophique de l'amour

La philosophie, faut-il le rappeler, est un questionnement perpétuel et inlassable sur toutes les réalités existentielles. C'est pourquoi, pour la qualifier, Olivier Reboul déclarait qu' « elle est totale : il est de fait qu'on a philosophé sur tout, sur Dieu, sur l'art, sur la religion etc. (…) en droit aucun domaine de l'existence humaine n'échappe à l'interrogation philosophique »[2]. Cela dit, la philosophie étant un regard critique et radical sur tout ce qui nous entoure, le phénomène de l'amour n'a pas

[2] REBOUL O., *La philosophie de l'éducation*, Paris, PUF, « Que Sais-Je ? », 9e édition, 1989, p. 127.

échappé à la bienveillance des philosophes. Depuis l'Antiquité, des philosophes avaient déjà commencés à éplucher cette épineuse question du sentiment amoureux. Cependant, loin de faire un étalage chronologique de la conception des philosophes sur la question de l'amour, nous-nous attarderons sur l'approche platonicienne qui a retenu notre attention.

Platon, en effet, s'est penché sur cette question en empruntant la voie de la mythologie. C'est à travers le mythe des androgynes que ce philosophe grec de l'Antiquité tente de nous instruire sur l'origine du sentiment amoureux qui a, à la fois, le pouvoir de rendre heureux ou malheureux. Selon ce mythe platonicien des androgynes, il existait au départ trois espèces et non deux comme aujourd'hui : la femelle, le mâle et l'androgyne composé de la femelle et du mâle. Il faut aussi préciser que ce mythe des androgynes explique l'origine de l'homosexualité qui, aujourd'hui, est devenu un phénomène remarquable dans toutes les sociétés humaines. En effet, les androgynes étaient soit un homme et une femme soit une paire d'hommes ou une paire de femmes. Nous étions donc, à cette époque des êtres complets, parfaits, circulaires, avec quatre jambes et quatre bras, et deux visages formant une seule tête. Considérant cet état de plénitude ou de complétude, nous étions des êtres très orgueilleux, autosuffisants et n'ayant pas besoin d'amour extérieur. Pour infliger une correction aux humains à cause de leur attitude orgueilleuse, les dieux, dirigés par Zeus, prirent la résolution de les diviser. Par cette division, Zeus pensa : « ils deviendront faibles ; et nous [parlant des dieux] aurons encore un autre avantage, ce sera d'augmenter le nombre de ceux qui nous servent : ils marcheront droits, soutenus de deux jambes seulement ; et si, après cette punition, ils conservent leur audace impie et ne veulent pas rester en repos, je les séparerai de nouveau, et ils seront réduits à marcher sur un seul pied, comme ceux qui dansent sur des outres à la fête de Bacchus[3] »[4].

---

[3] Bacchus : dans la mythologie romaine, Dieu du vin, de l'ivresse, des débordements, notamment sexuels. L'équivalent de Dionysos dans la mythologie grecque.

[4] Discours d'Aristophane, Platon, *Le banquet*, Paris, Gallimard, traduction E. Chambry, 190e.

Cette douloureuse séparation d'avec notre moitié complémentaire ou, comme on pourrait le dire de nos jours, notre ''âme sœur'' a suscité un vide, un manque à combler qui nous plonge dans un état thébaïde fondamental. Mais comment l'homme peut-il se sauver de cet état thébaïde ? Comment l'être humain pourrait-il retrouver cette osmose originelle ? C'est en se lançant dans la recherche de sa moitié originelle qu'il pourra combler ce vide qui hante son être et l'empêche de renouer avec son bonheur d'antan. Ainsi Platon, par l'entremise d'Aristophane, nous explique que les fractions d'humains appartenant au genre androgyne d'antan forment ensemble, une fois réunis, les couples hétérosexuels. En revanche ceux qui appartenaient au genre femelle constitué de deux femmes avant la scission des corps se recherchent constamment, de même que les mâles provenant du genre antique mâle sont à la quête les uns des autres et se désirent mutuellement. Alors, ces dernières et ces derniers, une fois, réunis forment les couples homosexuels. Ce discours mythique d'Aristophane dans *Le Banquet*[5] de Platon explique l'origine du désir amoureux tout en légitimant l'homosexualité qui, aujourd'hui, choque la morale et l'entendement de bien de personnes.

Ces différentes approches du sentiment amoureux entant mises en relief, il importe à présent de tirer la sonnette d'alarme pour attirer l'attention du commun des mortels sur les coups de l'amour.

[5] Discours d'Aristophane, Platon, *Le banquet*, Paris, Gallimard, traduction E. Chambry, 189d-193d.

II. MISES EN GARDE CONTRE LES AFFRES DE L'AMOUR

Le chemin de l'amour est plein d'épines et de pièges qu'il faut connaître afin de mieux se préparer avant de s'y engager. Comme quoi il ne faut jamais s'engager ou s'embarquer sur ce chemin sans biscuit[6]. Quels sont alors ces pièges qui nous attendent sur ce chemin tortueux ?

L'amour est d'abord un projet dans lequel l'on expose son être à l'aliénation et à la réification. En clair, en amour, chacun veut nécessairement posséder l'autre. Chacune des parties (l'amant et l'amante) veut faire de l'autre une chose, un en-soi, une propriété privée, une transcendance transcendée ; c'est-à-dire un objet. C'est dire qu'en amour il y a, entre les amants, une intention inconsciente de chosification ou de réification de l'autre être. Pareillement à ce que le maître hégélien est pour l'esclave, l'amant(e) veut l'être pour l'aimé(e). Cela peut vraisemblablement s'expliquer par l'alliance que chacun passe au doigt de l'autre le jour de la célébration du mariage devant l'autorité administrative et devant l'assemblée. Par ricochet, ce geste apparemment anodin des deux amants a de nombreuses implications insoupçonnées. En effet, en déclarant : ma bien aimée chérie, je te passe cette alliance, signe de mon amour pour toi, Monsieur fait non seulement de sa bien-aimée sa chose ou son objet. Par ailleurs, par le truchement de son acte, il engage tous les siens à s'approprier l'autre famille. Sous le même type de rapport, lorsque Madame fait de même, la même cause produit les mêmes effets sur la famille de son bien-aimé. Par analogie, l'alliance est une sorte de chaine que chacun attacherait au doigt de l'autre pour en faire sa chose comme le maître qui passe la chaine au cou de son chien.

Aussi, dans le ''oui je le veux'' que monsieur et madame se disent mutuellement en répondant à la question unilatérale[7] que le maire pose à tous les mariés, il y a une multitude d'aveux inconscients. Mieux, le ''oui'' de l'homme et de la femme qui s'unissent dans les liens sacrés du mariage est plein

---

[6] S'embarquer sans biscuit : entreprendre quelque chose sans précautions. Métaphore des marins qui faisaient des provisions de biscuits pour la traversée.

[7] Acceptez-vous de prendre cet homme pour époux (cette femme pour épouse), de vivre à ses côtés dans les liens sacrés du mariage, de l'aimer et de le (la) chérir pour le meilleur et pour le pire, et de lui être fidèle jusqu'à ce la mort vous sépare ?

de sens et de significations. Loin d'être qu'un cri anodin de joie, l'échange des consentements est aussi un moment où chacun émet un cri inconscient de rage et de soulagement. Rage ou soulagement contre qui et contre quoi ? C'est un ''oui'' qui pourrait, pour l'un ou pour l'autre, signifier « trop c'est trop je suis fatigué d'errer, de me pavaner çà et là sans satisfaction aucune dans les mains des hommes et des femmes ». Il peut aussi s'entendre comme « oui aujourd'hui je suis fatigué des autres hommes qui m'ont fait la cour rien que pour jouir de mon corps et nullement pour s'attacher à mon cœur ». Mais, il pourrait par-dessus tout signifier « oui ici et maintenant je décide de t'appartenir corps et âme, oui je veux être ta chose, je décide librement de m'aliéner entre tes mains ». Par voie de conséquence, « L'aimé saisit l'amant comme un autre objet parmi les autres, c'est-à-dire qu'il le perçoit sur fond de monde, le transcende et l'utilise (…). Celui qui veut être aimé (…), en tant qu'il veut qu'on l'aime, aliène sa liberté »[8]. Dans cette perspective il faut, avec un esprit critique, comprendre que la quintessence de l'entreprise amoureuse, c'est la liberté aliénée. Car la liberté de l'être aimant s'aliène en présence de la pure subjectivité de l'autre qui fonde son objectité.

De ce fait, nourrir le projet de séduire l'autre parce qu'on l'aime d'un amour passionné, c'est inconsciemment se mettre en danger et partant risquer de mettre sa liberté en lambeau. S'engager dans le jeu de la séduction c'est donc assumer entièrement, et comme un véritable risque à courir, notre objectité pour autrui, c'est se mettre sous son regard et se faire regarder par lui. On perd alors toute possibilité d'agir librement comme une personne et l'on devient, sous le regard chosifiant, réifiant, cristallisant ou momifiant de l'autre, un vulgaire personnage ou un acteur dont les actions ou les agissements sont dictés par le scénariste. Le personnage dans un scénario, faut le préciser, n'est pas un être libre puisqu'il ne choisit pas librement de jouer le rôle qu'il veut. Il est condamné à exécuter celui que lui a recommandé le producteur de l'œuvre dans laquelle il a été appelé. Ici, le producteur de l'œuvre à qui le personnage ou l'acteur est invité à faire plaisir n'est rien d'autre que

[8] Sartre J-P, *op. cit.*, pp. 411-415.

l'amant ou l'amante. En cela, il faut reconnaître que « chacun des amants est entièrement captif de l'autre en tant qu'il veut se faire aimer (...). [Car] dans le couple amoureux, chacun veut être l'objet pour qui la liberté de l'autre s'aliène dans une intuition originelle »[9]. Cependant, toute relation dans laquelle monsieur ou madame se sent trop surveillé(e), espionné(e) par l'autre, à cause de son amour très possessif, ne dure pas bien longtemps. Le mariage unit certes l'amant et l'amante et les deux constituent une seule chaire. Il serait en principe, dans ce cas, inadmissible qu'un membre du couple pose des actes en tapinois. En d'autres mots, il ne devrait plus avoir de secret entre eux. Mais, quelle que soit la communauté de chaire qu'ils forment, chacun reste absolument une individualité impénétrable et inconnaissable. Ainsi, malgré le prix, quel que soit le contrat, comme celui du mariage, chaque être humain n'accepterait de perdre son individualité et son droit le plus naturel : sa liberté. Ce qui justifie ce fait est que « celui qui veut être aimé ne désire pas l'asservissement de l'être aimé. Il ne tient pas à devenir l'objet d'une passion débordante et mécanique (...) un asservissement total de l'être aimé tue l'amour de l'amant »[10]. Chacun ou chacune s'est, plus ou moins, déjà plaint de l'amour trop possessif de l'autre en déclarant prosaïquement : ''il ou elle est trop sur mon dos'' ; ''il ou elle m'étouffe''. Aujourd'hui, à l'ère du progrès de la technologie de l'information et de la communication, cet empiètement du conjoint ou la conjointe sur la liberté de l'autre se traduit par la violation de son espace privé comme le téléphone, la boîte mails, les comptes sur les réseaux sociaux (Facebook, WhatsApp, Twitter...).

En outre, il faut le dire sans barguigner, comme l'a signifié Sartre, « l'amour est une entreprise »[11]. Et en tant que tel, l'amour comme toute entreprise comporte de nombreux risques à prendre par celui ou celle qui s'y engage. S'il est, en effet, aisé de s'aimer soi-même, on ne saurait en dire autant quand il s'agit de se faire aimer par celle ou celui qu'on veut élire comme la reine ou le

[9] Sartre J-P, *op. cit.*, p. 415.
[10] *Ibid.*, p. 407.
[11] *Ibid.*, P. 406.

roi du royaume de son cœur. Une fois atteint par la flèche de Cupidon[12], on se met parfois dans des situations inconfortables parce qu'on veut, malgré soi, témoigner à l'être aimé(e) le degré de notre amour. Et l'amour étant aussi un sentiment non rationalisable, on peut poser des actes qui sont aux antipodes de la raison.

Pour l'amour passionné d'une femme, bien de personnes ont perdu toute leur fortune en s'engageant dans un mariage basé sur le régime de la communauté de biens. Ils se mettent ainsi dans un cul-de-sac parce que, d'une part, leur bien-aimée n'accepte pas facilement de se défaire de la poule aux œufs d'or. D'autre part, les procédures de divorces sont par moment très longues. Aussi, arrive-t-il que devant la beauté ensorcelante ou diabolique d'une femme et partant du principe que l'amour vrai se construit sur un sol de vérité, l'amant se dévoile en livrant tout ce qui fait de lui une individualité, c'est-à-dire ses secrets les plus intimes. Ainsi, l'amour de la femme a, pendant longtemps, été à l'origine de nombreux évènements désastreux dans l'histoire de l'humanité. C'est cette remarque que fait Isaïe Biton Coulibaly en déclarant : « La femme a toujours été l'embarras des esprits humains. Elle construit et détruit. Elle est le plus grand stimulant du cerveau, plus puissant que toutes les drogues. De nombreuses merveilles architecturales ont été construites rien que pour lui faire plaisir. Toutes les brillantes réussites individuelles ont été pour elle. La femme a été souvent à l'origine des guerres et de la division des familles. Des hommes ont trahi, poussés par elle. Que d'hommes se sont suicidés à cause d'elle ! Il est écrit dans le premier livre de la Bible que la discorde est entrée dans le monde le jour où les hommes ont commencé à se marier. [...] On a vu comment des présidents des pays les plus puissants du monde ont négligé leur devoir, rien que pour regarder pendant des heures, de petites stagiaires qui les passionnaient. Des souverains ont renoncé au trône pour les beaux yeux d'une femme. Les secrets d'État les mieux gardés sont dévoilés aux femmes. »[13]

[12] Cupidon : dans la mythologie romaine représente le dieu de la passion amoureuse.
[13]COULIBALY I. B., *La bête noire*, Abidjan, Frat mat, 2008, p. 182.

Ces éléments non moins exhaustifs, énumérés par Isaïe Biton Coulibaly, mettent bien en évidence le pouvoir que l'amour d'une femme peut exercer sur l'homme. Pour son amour, l'homme n'est pas loin de ressembler à une bête qui agit instinctivement. Par conséquent, il est apte à accepter toutes les situations déconcertantes parce que pour un amoureux, il est inadmissible de se montrer lâche devant sa bien-aimée. Alors dans des cas plus extrêmes, il voudra malgré lui-même se montrer capable et maître de la situation. Phèdre n'avait pas menti en proclamant dans *Le banquet* de Platon ceci : « Un homme qui aime, s'il commet d'une manière flagrante un acte laid ou s'il supporte par lâcheté, sans se défendre, un traitement honteux, souffrira sans doute moins d'être vu par son père, par ses camarades, par qui que ce soit d'autre, que par celui qu'il aime [...]. Pour un amant il serait plus intolérable de quitter son rang ou de jeter ses armes sous les yeux de son bien-aimé, que sous les yeux du reste de l'armée »[14]. Ce qui revient à dire que le sentiment d'amour est l'illusion d'une force qui nous pousse inconsciemment à tenter l'impossible, l'impensable. L'adage selon lequel l'amour rend fou, sourd ou aveugle n'est donc pas dénué de sens. C'est la preuve évidente que l'amour est, dans bien des cas, risqué, pénible et aliénante.

Cette pénibilité, ce risque existant dans l'entreprise amoureuse transparaît dans nos sociétés traditionnelles où parfois il faut non seulement mettre tout en œuvre pour se faire aimer par la fille mais aussi se faire aimer par la famille de cette dernière. Il y a alors un double engagement de la part de l'amant. Dans ces sociétés traditionnelles d'antan, accepter de donner sa fille à un prétendant passe par plusieurs tests que la famille de la femme fait passer au prétendant. Par exemple, dans les sociétés traditionnelles Baoulé[15], avant la célébration du mariage officiel, le prétendant doit d'abord faire les fiançailles pré-pubertaires. Dans ces sociétés, les promesses de mariage étant plus importante que le mariage officiel lui-même, ces fiançailles pré-pubertaires représentent un certain nombre d'années durant lesquelles le fiancé s'engage à faire des prestations de service auprès de sa future belle-famille.

---

[14] PLATON, *Le banquet*, Paris, Les Belles Lettres, « collection des universités de France », Trad. Paul Vicaire avec le concours de Jean Laborderie, 1989, p. 18.

[15] Peuple appartenant au grand groupe Akan. Ils sont situés au centre de la Côte d'Ivoire

Pendant ces années, celui-ci s'engage donc dans les travaux champêtres, la chasse pour trouver du gibier sans parler des différents cadeaux non négligeables et plusieurs autres services à l'endroit des parents de la fille afin de bénéficier de leur faveur. À l'issue de ce test, la famille de sa future épouse retiendra de lui un homme courageux, responsable et digne à qui confier sa fille est sans risques. Ce qui revient à dire que les fiançailles pré-pubertaires est une période d'expérimentation dans laquelle la belle-famille jauge la maturité et toutes les autres qualités dont un homme a besoin pour prétendre prendre une femme en charge. Voilà qui met en exergue même le mot ''prétendant''. Mais de nos jours, cette pratique, à l'exception des Kodè et les Goli de Bodokro dans la région de Béoumi, tant à disparaître en raison des conditions d'émancipation que les colons (A. Nebout et M. Delafosse)[16] ont inculqués aux femmes.

Chez les Bété qui peuplent le centre-ouest de la Côte d'Ivoire et appartenant au groupe Krou, lorsqu'un jeune homme tombe amoureux d'une jeune fille, il informe son père de ses intentions. Celui-ci, à son tour, se charge d'entreprendre toutes les démarches nécessaires auprès du père de la fille. Ainsi demandera-t-il la main de cette dernière et s'il reçoit une réponse favorable de la part de son père, son fils en question devra se soumettre à l'exécution de certaines taches afin de gagner l'amour et l'estime de son futur beau-père. Il s'agira donc pour lui de débroussailler un champ, faire tomber des palmiers pour l'extraction du vin de palme, jusqu'à ce que la date du mariage soit fixée. Pour la célébration du mariage, il faudra aussi payer la dot qui est généralement constitué d'un montant en argent et d'un accompagnement en nature. Celle-ci est négociée par les deux familles contractantes en tenant compte de la beauté, le courage, le nombre de ses prétendants, les besoins et surtout le niveau social des parents de la fille. En cela on peut admettre que la jeune fille est une sorte de marchandise que le prétendant vient négocier le prix.

[16] ALLOU K. R., *Eclairage sur l'histoire précoloniale des baoulé*, UFR : Sce. De l'Homme. Département d'Histoire, 2008, in https://www.memoireonline.com. Consulté le 16 juin 2019.

La leçon qu'il convient de tirer de cette analyse du mariage traditionnelle chez ces peuples en particulier et le mariage lui-même en général est celle de savoir que l'élue de son cœur est un précieux sésame qui ne s'obtient sans sacrifices, sans souffrance. Par amour donc il est possible de faire l'impossible ou l'impensable. Pour témoigner son sentiment à celui ou celle qui fait véritablement chavirer notre cœur, on est prêt à prendre tous les risques. L'amour d'Eve a causé tous les problèmes à Adam et par ricochet à toute l'humanité. L'amour de pandore par Epiméthée a causé tous les maux de l'humanité. Et Prométhée, son amour pour les hommes, l'a terriblement fait souffrir sur le mont Caucase. N'est-ce pas pour cette raison qu'il n'est pas rare d'entendre des formules comme ''l'amour rend fou'', ''l'amour rend aveugle'', ''l'amour rend sourd'' ? Assurément, la lutte pour les seins est une lutte noble et acharnée.

Ces maximes s'avèrent si logiques dans la mesure où quand on aime, on reste insensible aux critiques, aux glapissements des autres qui nous environnent. Les critiques des autres (parents et amis) sont parfois des panneaux de signalisation sur notre chemin d'amour mais bien souvent on reste indifférents à leurs égards. Ces panneaux sont en réalités les conseils que les amis, les parents donnent afin d'empêcher notre égarement sur ce chemin tortueux et plein de surprises désagréables qu'est celui de l'amour. Mais hélas ! Il est difficile de donner des conseils à un amoureux ou à une amoureuse qui croit avoir trouvé l'oiseau rare. Comme on pourrait le dire : un homme amoureux n'a point d'oreille. Car s'ils insistent dans leurs rôles de donneurs de leçons d'amour, il ou elle peut considérer ces conseillers comme étant des personnes jalouses qui nourrissent dans les ténèbres, le projet diabolique de l'empêcher d'être heureux ou heureuse avec celle ou celui que son cœur a choisi. Dans cette perspective, des enfants ont dû traiter de sorciers et de sorcières leurs parents parce qu'ils estiment que ceux-ci ont franchi le Rubicon en empêchant leur union avec le choix de leur cœur. Surtout qu'à l'ère de la modernité, chaque être humain a des droits qui méritent d'être respectés. Certains ont dû farouchement s'opposer à la décision de leurs parents ; ils ont dû quitter le cocon familial pour s'attacher à leur amour. D'autres ne s'étant pas pliés à la décision de leurs géniteurs ont été bannis de leurs familles respectives. Mais, loin d'éteindre systématiquement la flamme d'amour qui brûle en eux, cette situation les fortifie encore plus. C'est dire que le sentiment amoureux donne des forces, des ailes aux amants parce qu'ils ont l'impression d'être uniques et d'être les seuls à ressentir cela. Il est vrai qu'en amour il y a beaucoup de risques à courir et partant l'amoureux ou l'amoureuse véritable est un(e) risquophile. Cependant, l'amour véritable étant un engagement pour la vie, il y a des risques et des erreurs à éviter dans la mesure du possible.

En amour, il faut faire preuve de prudence devant la beauté physique car dans bien des situations, derrière cette beauté qui obscurcie la vision et trouble l'audition et parfois même la raison, se cache en réalité le poison insoupçonné qui entraine la désolation et la destruction de l'amant ou de l'amante. Dans le mythe de Prométhée, une leçon nous est donnée sur cette question de l'apparence trompeuse. En effet, dans ce mythe grec, Zeus[17] se laisse appâter et berner par l'apparence délicieuse et appétissante des graisses de l'animal avec lesquelles Prométhée avait pris soin de recouvrir les os. Tandis que sous la peau sale de ce même animal il avait soigneusement camouflé la chair tendre et appétissante. Ainsi, ayant été ébloui par l'apparence, la partie la plus présentable physiquement, Zeus prit conscience plus tard que derrière cette belle apparence se cachait en réalité une piètre réalité. Comme on pourrait le dire, toute parure pare parfois une usure. N'est-ce pas vrai que derrière la beauté apparente de la rose se cache ses épines ?

Dès lors, il faut se garder de se laisser béatement emballer par l'emballage corporel ou l'enveloppe charnelle. Il est certes possible que l'amour rende fou, aveugle et fasse perdre la raison. Seulement, cette mise en garde s'avère nécessaire dans la mesure où, en amour, ''une belle enveloppe'' peut parfois envelopper la vérité qui condamne, le message qui décourage. De même qu'un ''bel emballage'' peut emballer une réalité décourageante, dans l'ordre de la nature, tous les

[17] Zeus : dans la mythologie grecque il est le dieu du ciel et de l'orage. Roi des dieux et des humains, dont les symboles sont l'aigle et la foudre. Il est dernier fils de Cronos et de Rhéa. Il est l'équivalent de Jupiter qui est le Roi des dieux et des hommes dans la mythologie romaine.

beaux fruits ne sont pas comestibles également. Ceci dit, dans l'ordre des humains, toutes les jolies femmes et les beaux hommes ne sont pas nécessairement fidèles et donc pas les meilleurs choix en amour. Les belles femmes ont de nombreux soupirants de même que les beaux hommes ont de nombreuses soupirantes. Et dans cette condition, même si elles ou ils se montrent sérieuses ou sérieux avec une centaine d'hommes ou de femmes, il y a de fortes chances qu'elles ou qu'ils succombent au cent et unième homme ou à la cent et unième femme. De la sorte la belle femme a toujours été un jouet pour un autre homme dans la mesure où, considérant sa beauté, elle pense qu'elle peut finir avec tous les hommes. Sous ce même type de rapport, le bel homme ne peut échapper à cette réalité. Adonc, la beauté physique d'un homme ou d'une femme lui ouvre les portes d'acquisition d'une pléthore de prétendantes ou de prétendants. Pour la belle femme ainsi que pour le bel homme, la satisfaction est parfois tributaire du nombre élevé de conquérants ou de conquérantes. C'est peut-être pourquoi la plupart des belles femmes et des beaux hommes sont infidèles tandis que la plupart de celles ou ceux qui sont fidèles ne sont pas belles ou beaux. Or, dans la perspective où chacune ou chacun a tendance à s'attacher à la beauté physique, il suit inévitablement que celui ou celle qui décide de s'attacher sincèrement à une telle femme ou à un tel homme s'expose à la souffrance. Il y a donc lieu d'admettre qu'il y a bel bien des canons de beauté mais c'est aussi du canon que sort toujours la balle destructrice et assassine.

En sus, la beauté physique est toujours une réalité bottée et sabotée par la temporalité. Elle n'échappe pas à la force corrosive du temps qui coule et s'écoule. Toute beauté physique se fane nécessairement avec le temps. C'est pourquoi celui ou celle qui n'a que sa beauté physique à offrir n'a quasiment rien à offrir car il ou elle se focalise sur quelque chose d'inconstant et corruptible dans le temps. Même si aujourd'hui, l'évolution de la médecine avec la chirurgie esthétique, il est possible de refaire la beauté et ramer ainsi à contre-courant du temps. Mais quoiqu'il en soit, si une telle fabrication, un tel artifice peut paraître plus esthétique que le naturel, il n'égalera jamais la beauté intérieure qui est constante.

Cela dit, il faut faire preuve de prudence lorsqu'on s'engage sur ce chemin dédaléen qu'est celui de l'amour. On ne saurait, en adoptant une attitude platonique ou idéaliste, ne pas prendre en compte la dimension physiologique de l'être aimé(e) sur qui nous jetons notre dévolu. Chacun à son goût de femme et chacune a également son goût d'homme. De ce fait, le choix peut porter sur le teint, la taille, la forme, la situation sociale et financière etc. Faisons ici preuve de réalisme car « à quoi peut servir une belle femme [ou un bel homme] si elle [ou il] n'apporte rien ? Aujourd'hui, nous sommes dans l'ère du matérialisme. Malgré vos études, votre beauté et même votre célébrité, si vous n'avez pas beaucoup d'argent, vous n'avez aucune valeur devant les riches et les pauvres »[18]. Cependant, au-delà de cette matérialité de l'élu(e) de son cœur, il faut faire preuve de patience afin de pouvoir mieux jauger sa spiritualité et sa moralité. Cela, dans la mesure où la beauté physique ou temporelle n'est pas nécessairement en adéquation avec la beauté spirituelle et morale. Autrement dit, l'aspect extérieur ou apparent d'une personne n'est pas forcement en harmonie avec son aspect intérieur. Ainsi, partant du principe que c'est l'extérieur qui attire mais que c'est l'intérieur qui retient et qui maintient, ce n'est pas sur l'aspect matériel mais plutôt sur le caractère qu'il faut se fonder pour faire un véritable choix en amour. Cela est d'autant juste dans la mesure où « qui aime le caractère pour ses hautes qualités reste fidèle toute la vie, car il se fonde avec quelque chose de constant »[19]. Cette remarque d'Eryximaque sur l'amour démontre bien comment en amour le caractère est hautement supérieur à la dimension corporelle qui est de l'ordre des choses éphémères.

La dimension physique ou l'enveloppe charnelle peut paraître laide et incompatible à notre goût. Cependant, derrière cette laideur apparente, il peut se cacher en réalité une beauté spirituelle, morale latente mais inattendue, insoupçonnée. Comme le disait Amadou Hampâté Bâ à la note de bas de page n°56 « la difformité comme l'anomalie étant toujours assez repoussantes, c'est un lieu de

[18] Coulibaly I. B., *op. cit.*, p. 52.

[19] Platon, *Le Banquet*, Paris, Garnier Flammarion, Traduction Paul Vicaire avec la collaboration de Jean Laborderie, Librio n°76, 2017, p. 26.

prédilection pour y cacher les choses très précieuses qui exigent un effort pour être gagnées »[20]. C'est dire que l'amour véritable se cache là où on ne le soupçonne aucunement pas. L'aspect immatériel auquel nous accordons souvent peu de crédit est en réalité un havre de paix. Mais malheureusement, obnubilés par le paraître, peu d'hommes et de femmes sont incapables de distinguer le paraître de l'être de l'être-aimé(e) comme il est parfois difficile de prendre conscience que derrière la laideur de la chenille se cache un beau papillon multicolore en puissance.

De cette analyse nous pouvons comprendre que l'amant(e) véritable est celui-là ou celle-là même qui, sachant que le paraître ne fait pas l'être véritable de l'être humain, choisit sa moitié en se focalisant sur ce qui est invisible, immatériel. C'est-à-dire le caractère, le comportement, la moralité. Sachant qu'après le dévoilement ontologique de l'être désiré, le désir ou le plaisir ressenti dans la contemplation du corps s'estompe, l'amant(e) sincère sera préoccupé par votre beauté spirituelle et morale. En un mot, la beauté de l'âme. Il faut dorénavant, avec un esprit critique, pouvoir faire le distinguo entre celui ou celle qui vous aime véritablement et celui qui vous désire simplement dans un laps temporel.

Qui aime avec sincérité, regarde en direction de la beauté intellectuelle et morale. Il se fond avec ce qui n'est pas visible et périssable. Qui désire, regarde en réalité le visible, l'éphémère, le périssable, c'est-à-dire la beauté du corps. Or d'une part, dès le moment où l'être désiré est déparé et vu *in naturalibus,* le désire s'étiole pour, temporairement, laisser planer dans l'esprit des regrets, des remords. D'autre part, en tant que réalité inscrite dans la dimension spatiotemporelle, le corps se fane. Et lorsqu'il se fane, l'être désirant s'en lasse et la relation devient pale et fade. C'est l'une des raisons pour lesquelles certains mariages pompeux finissent malheureusement souvent dans des carnages. Par ce que le centre d'intérêt qui a poussé Monsieur ou Madame à s'engager dans cette relation n'a plus la même candeur et la même saveur d'antan. Se garder alors de tomber sous le charme d'une

[20] HAMPÂTÉ BÂ A., *Kaïdara*, Abidjan, NEI-EDICEF, 1994, p. 40.

personne qui déclare vous désirer car le désir cache des réalités auxquelles vous vous attendez le moins. Par ailleurs, « parmi les amants, beaucoup s'éprennent de la beauté physique avant de connaître le caractère de celui qu'ils désirent et d'être renseignés sur sa valeur personnelle ; aussi ne peut-on savoir s'ils resteront amis du bien-aimé quand ils auront apaisé leur désir »[21]. Ha ! Les relations amoureuses qu'elles sont aussi bien intéressantes qu'excitantes au moment de l'introduction ! La raison en est que lorsque vous tombez amoureux ou amoureuse, vous-vous sentez vivant(e) et vivifiant(e), vous êtes rempli(e) de joie tout simplement en vous imaginant passer le reste du temps avec celle ou celui que vous aimez tendrement. Votre cœur bat la chamade, tout semble beau autour de vous et vous avez l'impression d'être sur un petit nuage. Mais, vers la conclusion, si rien ne se passe comme prévu, c'est parfois la déception et la désolation quand il n'a pas été construit sur quelque chose de solide et constant. Se garder alors de se laisser épater, appâter ou envelopper par les paroles mielleuses de celui ou celle qui prétend vous désirer. Désirer, ce n'est véritablement pas aimer car, en réalité, le désir n'est que le désir d'un corps pour un autre corps. C'est un appétit qu'on ressent et qui nous met dans l'élan vers les corps d'autrui. Cette tension vers la chaire d'autrui est vécue comme vertige du pour-soi devant son propre corps et ne flétrira ou ne s'estompera qu'après l'acte sexuel. Après tout commerce avec les sens, le sentiment amoureux s'amoindrit et s'en suit le regret. Partant de là, il faut comprendre que : « dans le désir, je me fais chair en présence d'autrui pour m'approprier la chair d'autrui. [...] Le désir est désir d'appropriation d'un corps en tant que cette appropriation me révèle mon corps comme chair. [...] Le désir est une tentative pour déshabiller le corps de ses mouvements comme de ses vêtements et de le faire exister comme pure chair; c'est une tentative d'incarnation du corps d'autrui. »[22]

Ce qui revient à dire que derrière le désir se cache une volonté manifeste de se servir du corps d'autrui comme un moyen pour satisfaire, un tant soit peu, son appétit libidinal. Une sorte d'objet

---

[21] Platon, *Phèdre*, Paris, Garnier Flammarion, 1964, 232b-233c, p.108.

[22] Sartre J-P., *op.cit.*, p. 425.

dont on se servirait pour assouvir ou étancher sa soif sexuelle afin de se sentir libre. Mieux, le désir est une tentative d'appropriation du corps d'autrui pour une délectation éphémère ou passagère. Sartre avait bien perçu ce caractère éphémère ou temporaire du désir quand il affirmait que « l'acte sexuel délivre pour un moment du désir »[23]. Les embrassades, les caresses et enfin la pénétration vaginale par laquelle l'on parvient à l'éjaculation, sont les moyens par lesquels les corps en fusion, en chaleur, se délectent et se libèrent mutuellement de leur envie sexuelle.

Enfin, il arrive des fois où sur ce chemin de l'amour, les voyageurs ou les voyageuses soient confrontés à un dilemme lorsqu'ils arrivent au carrefour de l'amour passionné et de l'amour raisonné. Face à cette équation, plusieurs préfèrent écouter la voix et suivre la voie du cœur, qui est le domaine des passions et des désirs, pour faire le choix du bien-aimé ou de la bien-aimée. Mais qu'est-ce qu'écouter son cœur ?

Ecouter la voix ou suivre la voie du cœur ou de l'intuition immédiate revient à prêter une oreille attentive aux besoins de son corps, à oser l'impossible, à rester insensible aux tintamarres assourdissants du vulgum pecus[24]. C'est aussi suivre ses valeurs personnelles ou agir dans son propre intérêt. Par-delà tout, vouloir écouter la voix de son cœur, c'est vouloir être en conformité avec soi-même. Telles sont là quelques raisons pour lesquelles bien de personnes accordent peu de crédit à ce que leur dicte la raison. Aussi, le cœur a d'autres mobiles, d'autres motifs ou d'autres raisons qui dépassent même notre raison ou notre entendement comme l'avait souligné Blaise Pascal. Tel est le cas du coup de foudre qui est un attrait passionné qui se déclare subitement. Sous l'influence d'un tel phénomène, le sujet peut illico opérer son choix tout en étant convaincu sans le faire passer devant le tribunal de sa raison pour s'en querir des avantages et des inconvénients. Il n'en a pas le temps car ce sentiment fait irruption en lui comme un éclair. Certains finissent par croiser leur moitié sur ce chemin et celui-ci ou celle-ci fait leur bonheur. D'autres par contre trouvent certes cette moitié mais tout ne

[23] Sartre J-P., *op.cit.*, pp. 429-430.
[24] Vulgum pecus : commun des mortels, tout le monde.

se passe pas comme prévu. En effet, après quelques temps passer ensemble sur ce chemin, après s'être ontologiquement dé-voilés l'un à l'autre, la passion baisse d'intensité, ils se lassent et se laissent. L'ardent désir qui avait fleuri dans le cœur de chacun et ayant propulsé leurs corps respectifs pour les fusionner, une fois assouvie, flétrit. Emmanuel Kant disait bien volontiers qu' « être soumis aux émotions et aux passions est toujours une maladie de l'âme puisque toutes deux excluent la maîtrise de la raison »[25]. En conséquence, l'amoureux ou l'amoureuse trop passionné(e) peut finir par devenir malheureux ou malheureuse non seulement parce que cette passion non raisonnée peut finir par devenir une illusion mais surtout si l'objet de sa passion lui fait une trahison monumentale. Pis, cela peut le (la) conduire au suicide comme c'est le cas de bien d'autres qui n'ont pas pu amortir et supporter la décharge électrique de la trahison. On peut donc dire qu'en amour les coups de foudre, étant l'effet d'une passion débordante, peuvent finir par nous foudroyer.

Il convient, en ce qui nous concerne, de dire qu'en amour il est plus idoine d'emprunter la voie de la raison plutôt que de se laisser séduire par celle du cœur qui est le domaine des passions. La voix du cœur est en général agréable et elle insiste toujours afin qu'on l'écoute. Cette voix mélodieuse du cœur ou de l'intuition immédiate est si berceuse dans les débuts mais vers la fin elle nous fait regretter notre choix antérieur et nous laisse dans une situation thébaïde. On finit bien souvent par cette exclamation : « si je savais… ». Mais bien évidemment cette exclamation est un mensonge à soi-même et une fuite de responsabilité devant son propre égo puisqu'incontestablement on le savait dès le départ. On le savait par l'entremise de la raison qui nous avait interpelés à maintes reprises. Mais hélas, la passion ayant englué nos yeux et nos oreilles, la voix du cœur étant plus insistante qu'excitante, nous ne l'avons pas écouté.

La voix de la raison est certes grave et difficile à écouter. La voie de la raison est apertement compliquée à suivre mais elle nous évite de courir des risques inutiles qui pourraient avoir sur nous

[25] KANT E., *Anthropologie du point de vue pragmatique*, Livre III, Trad. M. Foucault, Paris, Vrin, 1964, P. 109.

des regrets et des conséquences désastreux. C'est dire que dans certaines situations, comme le cas de l'amour qui nous intéresse ici, un choix rationnel est encore plus prudent qu'un choix passionnel, intuitionnel ou cardiaque. Les choix que nous opérons sans la coopération ni le consentement de notre raison sont très souvent suivis de profonds regrets. La raison est une sorte de lumière naturelle qui éclaire et guide l'homme dans toutes ses entreprises. Sous son auspice, on évite les précipitations regrettables puisqu'elle donne la latitude au sujet de s'interroger et de connaître les raisons d'un choix ou d'un refus. Elle est donc plus raisonnable, prudente et plus proche de la réalité que le cœur. L'intelligence de l'esprit est nettement supérieure à l'intelligence du cœur. Et dans bien des cas, même si l'on préfère suivre les prescriptions du cœur en feignant de ne pas connaître celles de la raison, on finit, avec le temps, par être rattrapé par la raison de la raison. Si le choix est parfois difficile, un parfait dosage empirique du cœur et de la raison pourrait être une solution. En revanche, par-dessus tout, l'un des risques encouru auquel les candidats et candidates au jeu de l'amour[26] s'attendent le moins est qu'il existe une étroite relation entre le désir amoureux et la mort ; une parfaite connivence entre le sexe et la mort. Qu'en est-il véritablement ?

On a pour habitude de s'imaginer que le sexe est nécessairement un organe de plaisir et d'extase tout en ignorant, le plus souvent, qu'il existe, en effet, une substantielle et comme une fatale relation entre le sexe et la mort. Notre analyse ne sera pas axée sur les accidents cardiovasculaires qui peuvent être provoqués par les rapports sexuels ou par l'excitation sexuelle. Il est vrai comme l'ont démontré de nombreuses études cliniques que l'activité sexuelle, comparable à la pratique d'un exercice d'intensité modérée comme faire du vélo, peut nous envoyer ad patres. Ces études ont identifiés les causes des morts naturelles liées à l'activité sexuelle à partir de données autopsiques collectées entre 1972 et 2016 : « Environ 38 000 décès ont ainsi été analysés sur une période de 45 ans par le Dr Lena Lange et ses collègues de l'Institut de médecine légale de Francfort (Hôpital de l'Université Goethe). Les

[26] Candidats et candidates au jeu de l'amour : il s'agit ici des relations hétérosexuelles et non homosexuelles.

données autopsiques ont été recueillies de manière rétrospective jusqu'en 2000 puis de façon prospective. [...] Les causes des décès associées à la pratique sexuelle étaient [entre autre] la maladie coronarienne (rétrécissement par athérosclérose des artères irriguant le cœur), un infarctus du myocarde, une rupture d'anévrisme aortique (déchirure d'une dilatation localisée de la paroi de l'aorte), une cardiomyopathie (atteinte chronique du muscle cardiaque), une myocardite (atteinte inflammatoire ou infectieuse du myocarde), une mort cardiaque subite (arrêt cardiaque sans signes avant-coureurs). »[27]

Nous n'osons pas ignorer la scientificité de ces études. Seulement, comme susmentionné, notre démarche consistera dans une approche ontologique du rapport entre la sexualité et la mort. L'être humain, bien que nourrissant ardemment le projet de devenir un transhumain, est conscient du fait qu'il ne vivra pas éternellement. Conscient de l'inévitable déchéance de son être mais aussi soucieux, malgré lui, de persévérer dans son être, il se voit dans la nécessité de se ré-produire, c'est-à-dire de transmuer son être en un être plus jeune. D'où la nécessité de ré-production ou de pro-création. Ainsi, chaque individu (e) se sacrifie, par le bief de son sexe, en procréant pour espérer s'éterniser mais aussi et surtout pour pérenniser l'espèce humaine. Cependant, dans la réalisation de ces deux projets, un troisième qu'on ne prévoit pas, malheureusement, vient s'incruster. Ce troisième projet est celui de savoir que chaque progéniture repousse inévitablement et involontairement ses géniteurs vers le néant. À l'instar de la métaphore hégélienne de la graine qui, pour atteindre le stade de l'arbre fruitier, néantise les autres moments de son évolution, involontairement chaque enfant, pour s'affirmer, repousse ses parents au rébus parce que devenus dispensables et importuns. En effet, selon cette métaphore privilégiée de la croissance végétale, de la germination, ce qui est contenu en germe annonce et préfigure tout accomplissement possible. Seulement, pour atteindre cet accomplissement, ce stade accompli qui est sa vérité, il néantise nécessairement le stade qui le précède. Alors, avant

[27] http://realitebiomedicales.blog.lemonde.fr/2017/09/25/quand-le-sexe-est-responsable-de-mort-subite/&hl=fr-CI. Consulté le 14 juin 2019.

que la graine n'atteigne son état d'accomplissement qu'est l'arbre, il y a eu une série de moments qui se sont simultanément néantisés. Par exemple pour se présentifier, la floraison qui est la consécration ontologique du bouton a dû néantiser ce dernier. À son tour, le fruit qui est aussi la consécration ontologique de la floraison a dû le nier pour s'affirmer. Ainsi, chaque étape, une fois qu'elle a favorisé toutes les conditions nécessaires pour l'avènement de l'étape suivante, cesse d'être indispensable et est aussitôt néantisée par cette dernière.

Partant de cette analogie, il y a lieu d'avouer avec amertume et regret que les géniteurs deviennent parfois dispensables et même de trop pour les progénitures. Ils sont, pour ainsi dire, involontairement repoussés dans le ventre de la nuit par leurs propres semences. La preuve en est que plus l'enfant croît vers l'âge de la jeunesse, ses parents biologiques décroissent de l'âge de la jeunesse pour croître vers la vieillesse. Par conséquent, « la sexualité [est] la présence vivante, menaçante et mortelle de l'espèce au sein de l'individu. Procréer, c'est susciter la génération suivante qui innocemment, mais inexorablement, repousse la précédente vers le néant. (…) l'instinct qui incline les sexes l'un vers l'autre est un instinct de mort »[28]. De l'exégèse d'une telle affirmation, il faut admettre que le sexe est une arme avec laquelle l'être humain se ''tue involontairement''. Il creuse sa propre tombe avec son propre sexe[29]. Ce qui invite désormais à une ré-considération des sexes. Le phallus n'est pas qu'un simple organe de plaisir ou de procréation ni un vulgaire poignard qu'on glisserait, dans l'intimité, dans un fourreau de chair secrète. Il est, au-delà de toutes considérations, le véritable fossoyeur de son propriétaire. L'utérus est aussi loin d'être un simple réceptacle de semences spermatozoaires ni de plaisir. Il est une porte ouverte par laquelle sa propriétaire peut se glisser dans le néant.

---

[28] TOURNIER M., *Vendredi ou les limbes du pacifique*, Paris, Gallimard, Collection Folio, 1972, p. 131.
[29] Tournier M., p. 133.

LE CHEMIN DE L'AMOUR

Toute cette analyse était de nature à attirer l'attention de tout un chacun sur les frasques de l'amour. Sur le chemin de l'amour, il existe une multitude de pièges et des difficultés auxquels il faut s'attendre. Ce sentiment d'amour et même l'acte sexuel peut inexorablement catapulter l'homme dans le néant. Mais, une telle conception du sentiment amoureux est loin de vouloir pousser l'amoureux ou l'amoureuse dans l'encoignure du désespoir car l'espoir est toujours permis dans l'existence de celui qui souffre d'amour. N'est-ce pas ce pourquoi on peut croire qu'il existe une palissade de l'espoir au-delà du désespoir ?

III. LA PALISSADE DE L'ESPOIR APRÈS LE DÉSESPOIR

LE CHEMIN DE L'AMOUR

La Bible déclare dans le livre de la Genèse que « l'homme quittera son père et sa mère, et s'attachera à sa femme, et ils deviendront une seule chair »[30]. Belle recommandation que nul ne peut contester. Seulement dans la pratique, si quitter son père et sa mère peut paraître aisé, cela n'est pas le cas quand il est question de trouver cette femme avec laquelle l'on puisse se fondre pour former cette communauté de chair. Ce qui explique ce fait, c'est que le chemin de l'amour est parsemé d'embuches entraînant inévitablement des chutes et des rechutes. Sur ce chemin, la fidélité et la trahison sont les rencontres les plus probables que tout voyageur fait. Seulement c'est la trahison, source de grandes déceptions, qui semble se présentifier dans la majorité des relations amoureuses. Quoiqu'il en soit, ces chutes ne doivent en aucune façon faire abdiquer au point de nous faire perdre tout espoir en ce sentiment si remarquable qu'est L'AMOUR. La compagne ou le compagnon peut, par son attitude, sa trahison etc., faire vivre des misères. Toutefois, en toute situation bénissez ceux qui vous font vivre dans le calvaire car, c'est grâce à eux que vous puisez en vous les forces nécessaires pour traverser le désert. Et notre reconnaissance étant tributaire de son existence, il nous faut prier pour le compagnon, la compagne voire l'ennemi qui a mis notre cœur en pleur et en lambeau afin qu'il ou qu'elle existe lorsque nous sortirons de cet enfer ou de cette misère. Dès lors, quelles que soient les douleurs qu'il ou elle ait pu t'infliger dans votre relation dans laquelle tu lui a témoigné toute ta sincérité et ta fidélité :

> « Jamais, tu ne l'anéantiras,
> Car que deviendrais-tu s'il [ou si elle] n'existait ?
> Sa présence implique ta motivation,
> Son absence t'est préjudiciable et sa mort
> Conduit à ta propre mort.
> Jamais tu ne tueras ton ennemi,
> Tu l'aideras à vivre.

---

[30] LA BIBLE., Genèse 2 v 24.

De sa vie, vivra ta prouesse,

De ta prouesse, il reconnaîtra son Échec,

De sa vie, il chantera tes louanges,

De tes louanges, il reconnaitra tes Actions,

De tes actions, il en fera un souvenir,

De ce souvenir, il gravera un nom. »[31]

Cela dit, les trahisons, les frustrations, les déceptions amoureuses sont certes douloureuses. Ce qui fait qu'il est parfois difficile de pardonner celui ou celle qui nous les a fait subir. Cependant elles conditionnent bien souvent l'élévation lorsqu'elles sont accompagnées d'une prise de conscience aiguë. Pareillement, les réalités existentielles les plus calamiteuses sont nécessaires dans le fonctionnement de l'univers. Par exemple, s'il n'y a plus de maladies, la médecine n'aurait plus de sens et la carrière d'un médecin s'estomperait automatiquement. S'il n'y a plus de questions, le philosophe serait de trop dans cette existence ; il serait dispensable. Par ailleurs, s'il n'y a plus de problèmes dans ce monde, si l'univers tout entier devenait une équation résoluble, Dieu serait inutile. Ainsi il en va de même pour bien d'autres réalités comme celle de l'amour en particulier. Pour pasticher Gaston Bachelard, nous dirons qu'il y a toujours des obstacles épistémologiques qui jonchent le chemin de l'amour. Retenons que « les grands destins ne se mènent jamais continument de A à Z. Ils sont toujours le fruit ou l'objet de ruptures »[32]. En amour également il faut toujours être préparé à l'acceptation des grandes déceptions qui entraînent malheureusement les grandes divisions ou les grandes scissions. Mais quoi qu'il en soit l'espoir luit toujours de l'autre côté du désespoir, l'espérance luit après la souffrance comme le soleil après une nuit sombre et orageuse. Partant de cette possibilité qui s'offre à nous malgré les dures réalités dans lesquelles nous vivons parfois dans ce jeu dangereux qu'est celui de l'amour, il faut toujours croire en un lendemain meilleur parce que

[31] DIAKITÉ S., *Waati sera. La voix du temps ou l'appel des incompris*, Québec, Différance pérenne, 2018, p. 157.
[32] FRANÇOIS GARAGNON J-M., *Bréviaire de l'homme d'action, Paris*, Monte Cristo Annecy, 1990, p. 178.

« relevée, l'existence peut toujours retomber, déchue, elle peut aussi se relever : rien n'est joué [d'avance], l'enjeu est toujours en jeu »[33].

La réalité humaine ou l'être pour-soi est en perpétuel dépassement, en perpétuelle construction ou en perpétuelle édification de soi. Mieux, l'existence humaine est essentiellement perpétuation d'un projet. Notre structure ontologique étant ainsi faite, il faut comprendre que, nonobstant l'obscurité dans laquelle tu es certes plongé à cause de la scissiparité survenue entre toi et l'être aimé(e), rien n'est encore perdu. S'il est convenu que sol lucet omnibus[34], alors l'amour peut toujours renaître de ses cendres comme le phénix[35]. Il est apertement une flamme qui s'étiole lorsqu'il y a séparation mais, il suffit d'un zéphyr pour que la dernière étincelle redevienne un nouveau feu très ardent comme celui d'antan. C'est la raison pour laquelle François Garagnon déclare :

> « En amour, il ne faut jamais désespérer. On croit parfois qu'il est mort, que le feu est éteint, et qu'il a tout brûlé, tout dévasté, pour ne laisser que des cendres ; puis vient un passant [ou une passante], un voyageur [ou une voyageuse] qui, du bout de son fouet, fait jaillir une étincelle du foyer que l'on croyait mort. On y jette quelques feuilles sèches, une brassée de bois, et, dans dix minutes, le feu sera aussi brillant qu'il était hier »[36].

Dès lors, il y a lieu de croire qu'après des moments de balbutiement, d'errance et de souffrance on peut connaître la Renaissance lors d'une rencontre hasardeuse à un coin de rue, à un évènement inattendu. Comme quoi, un soleil nouveau peut se lever après une longue nuit passée dans la déréliction ou la solitude. Ergo, il est de la plus grande nécessité de rester positif et optimiste car « il n'est jamais ''trop tard''. Pour chacun de nous, il existe un ''Pays du Recommencement''. À tout

[33]FROMENT-MEURICE M., *Sartre et l'existentialisme*, Coll. Les intégrales de philo/Nathan, Paris, 1986, p. 23.
[34] Expression latine se traduisant par : le soleil luit pour tout le monde ; tout le monde a droit de jouir de certains avantages naturels.
[35]Phénix : selon la mythologie grecque le phénix était un oiseau fabuleux qui était unique en son espèce, vivait plusieurs siècles et renaissait de ses cendres.
[36]PIERRE CLEMENT, *Le d'or de l'optimiste*, Paris, Payette Simms, 1965, p. 39.

moment de la vie, on peut décider de recommencer à neuf »[37]. Quelque longue que soit la nuit noire dans laquelle son départ t'a laissé choir comme un mouchoir après usage, le jour finira bien par se lever pour anéantir les ténèbres de la solitude qui te rongent au plus profond même de ton être. Sache qu'après la saison sèche vient la saison pluvieuse durant laquelle, de la cendre des herbes sèches décimées par le feu, émergent les herbes fraîches et où les feuillages, les fleurs des arbres décoiffés par la chaleur apparaissent avec plus de clarté. Parce que quoi qu'on dise :

> « Aucune nuit ne peut s'éterniser ;
>
> La lumière viendra sûrement ;
>
> Le jour éclora toujours.
>
> Du fumier, émergent des rosiers ;
>
> Le nénuphar sort de la boue.
>
> Les herbes vertes de la savane
>
> Naissent des feuilles pourries
>
> Qui fertilisent la terre. »[38]

Ainsi, du rien peut naître un lendemain meilleur, du néant peut émerger à nouveau ce sentiment amoureux qui a été immergé par les torrents de la trahison et de la séparation. Malgré la situation kafkaïenne dans laquelle tu peux actuellement être atrocement englué(e), sache que l'heure de la parousie n'a pas encore sonné pour toi. Tant qu'il y a la vie, l'espoir est toujours permis à celui qui croit que tout peut se possibiliser. C'est ce que disent également les Latins : dum spiro, spero[39]. Et comme le déclare les saintes écritures, « pour tous ceux qui vivent il y a de l'espérance »[40]. Cette

---

[37]Pierre Clément., *op. cit.*, p. 11.
[38]NOKAN C., *Cri*, Abidjan, CEDA, 1989, p. 110.
[39] Dum spiro, spero : tant que je respire, j'espère.
[40]La Bible, « Ecclésiaste 9, verset 4 », Version Louis Segond 1910.

sagesse biblique est profonde de sens dans la mesure où c'est pour celui qui existe que la possibilité est encore possible et même qu'elle a un sens. Pour celui qui s'est déjà avancé dans le ventre de la nuit ou qui est mort, la possibilité d'être ceci ou cela n'est plus possible et n'a plus de sens pour lui. Telle est la quintessence des versets selon lesquels :

> « Même un chien vivant vaut mieux qu'un lion mort. Les vivants, en effet savent qu'ils mourront ; mais les morts ne savent rien, et il n'y a pour eux plus de salaire, puisque leur mémoire est oubliée. Et leur amour, et leur haine, et leur envie, ont déjà péri ; et ils n'auront plus jamais aucune part à tout ce qui se fait sous le soleil »[41].

En dépit du caractère dédaléen ou labyrinthique de la situation que nous traversons, la possibilité de la surmonter et retrouver l'âme sœur est toujours à notre portée. Le chemin de l'amour est certes très tortueux, parsemés d'embuches. Mais malgré tout, il faut transcender les fortes appréhensions nébuleuses pour scruter avec confiance et déférence l'horizon dégagé d'un avenir resplendissant et prometteur.

[41] La Bible, *op. cit.*, verset 4-6.

CONCLUSION

LE CHEMIN DE L'AMOUR

Que retenir à l'issue de cette cogitation sur l'épineuse question de l'amour ? Quels conseils prodiguer après ce petit bonhomme de chemin sur ce chemin de l'amour ?

Déjà il faut en toute humilité l'admettre : il serait vraiment impossible et orgueilleux de prétendre être au bout du chemin. L'amour étant un sentiment et donc irrationnel, ne saurait avoir de remède universel qui serait perçu comme une panacée. Chacun a sa petite expérience qu'il pourrait partager avec ces nombreux aventuriers et aventurières toujours en quête de leur moitié originelle. C'est dire que le chemin est si long au point qu'il n'a pas de terminus. Nul ne peut s'auto proclamer être un ancien ou le mieux expérimenté dans le domaine de l'amour car à chaque époque ses hommes et ses réalités. Dans ce présent travail, nous avons mis en évidence certains pièges à éviter sur le chemin de l'amour et il ne faut, sous aucun prétexte, prendre ces avertissements à la venvole. Cependant, nonobstant le caractère universel qu'ils semblent revêtir, les pièges de l'amour sont divers et toujours nouveaux dans le temps et dans l'espace. De la sorte, même les plus anciens aventuriers sur ce chemin ne sont jamais suffisamment outillés ou expérimentés pour déjouer tous les pièges qui sont posés. Il est vrai que durant notre cursus scolaire on a brillamment affronté des examens (BEPC, BAC, BTS) et obtenus des diplômes avec mention lors de nos études universitaires (LICENCE, MASTER, DOCTORAT…). Toutefois, le diplôme extrêmement difficile à avoir et dont les candidats ne sont jamais vraiment sûrs d'avoir bien bossé et d'être prêts, c'est celui de l'amour. Ce constat peut nous pousser à croire en cette affirmation de Maurice Bandama suivant laquelle « la quête de l'amour ou la conquête de la bien aimée est la seule guerre à laquelle les hommes-pauvres soldats-ne sauront jamais se préparer malgré leur âge, leur fortune ou leur beauté »[42]. En substance, il faut comprendre qu'en amour on est jamais sûr de rien ; il y a toujours des surprises agréables comme désagréables. Le plus ancien candidat n'est pas forcément celui qui réussira parce qu'expérimenté. De même que le jeune ou le nouveau candidat n'est pas nécessairement celui qui échouera à cause de son manque

[42] BANDAMA M., *L'amour est toujours ailleurs*, Abidjan, PUCI, Collection Plumes Actuelles, 2000, p.77.

d'expérience. Ainsi, dans la conquête de l'amour vrai, nous sommes tous logés à la même enseigne. S'il en est ainsi pour les hommes, il en est de même pour les femmes. D'où une double vigilance dans cette entreprise.

Les coups de l'amour peuvent susciter le désespoir et nous empêcher de croire en l'amour d'une autre personne. Dieu seul sait combien sont ceux ou celles qui, après plusieurs tentatives infructueuses, ont décidé de mener une vie solitaire, une vie célibataire. Ils ou elles s'étaient donnés corps et âme à autrui mais malheureusement ce dernier ou cette dernière leur a infligé un coup fatal dans le cœur. La douleur étant si épouvantable qu'insupportable, elle fait perdre l'espoir en l'amour. Mais, il ne faut pas perdre espoir, il faut toujours croire que tout est possible car, indépendamment de nos actions, notre attitude, devant la situation qui prévaut, détermine notre altitude et notre béatitude. Nous avons évoqué plus haut le mythe des androgynes, seulement son évocation n'était pas gratuite. Ce mythe montre en arrière-plan que quel que soit l'homme ou la femme, quelles que soient les relations amoureuses tumultueuses que nous vivons parfois, il existe quelque part, dans l'univers, notre moitié avec qui nous étions en équilibre à l'origine. Viendra un jour inattendu où chacun ou chacune retrouvera sa moitié et pourra rétablir l'équilibre originelle. Il faut y croire car en amour quand on laisse le temps au temps il parvient toujours à cicatriser les séquelles d'antan. Et nous croyons, en cela, que le temps est une véritable panacée. Notre bonheur en amour est donc possible à condition que nous gardions une attitude mentale positive et de persévérer dans notre être pour aller à la rencontre de cette moitié de soi-même.

RÉFÉRENCES BIBLIOGRAPHIQUES

ALLOU K. R., *Eclairage sur l'histoire précoloniale des baoulé*, UFR : Sce. De l'Homme. Département d'Histoire, 2008.

BANDAMA M., *Lamour est toujours ailleurs*, Abidjan, PUCI, Collection Plumes Actuelles, 2000.

COULIBALY I. B., *La bête noire*, Abidjan, Frat mat, 2008.

DIAKITÉ S., *Waati sera. La voix du temps ou l'appel des incompris*, Québec, Différance pérenne, 2018.

FRANÇOIS GARAGNON J-M., *Bréviaire de l'homme d'action*, Paris, Monte Cristo Annecy, 1990.

FROMENT-MEURICE M., *Sartre et l'existentialisme*, Coll. Les intégrales de philo/Nathan, Paris, 1986.

HAMPÂTÉ BÂ A., *Kaïdara*, Abidjan, NEI-EDICEF, 1994.

KANT E., *Anthropologie du point de vue pragmatique*, Livre III, Trad. M. Foucault, Paris, Vrin, 1964.

LA BIBLE., Version Louis Segond 1910.

NOKAN C., *Cri*, Abidjan, CEDA, 1989

PIERRE CLEMENT, *Le livre d'or de l'optimiste*, Paris, Payette Simms, 1965.

PLATON, *Le banquet*, Paris, Les Belles Lettres, « collection des universités de France », Trad. Paul Vicaire avec le concours de Jean Laborderie, 1989.

PLATON, *Le Banquet*, Paris, Garnier Flammarion, Traduction Paul Vicaire avec la collaboration de Jean Laborderie, Librio n°76, 2017.

PLATON, *Phèdre*, Paris, Garnier Flammarion, 1964.

REBOUL O., *La philosophie de l'éducation*, Paris, PUF, « Que Sais-Je ? », 9e édition, 1989.

SARTRE J-P., *L'être et le néant*, Paris, Gallimard, 1943.

TOURNIER M., *Vendredi ou les limbes du pacifique*, Paris, Gallimard, Collection Folio, 1972.

Printed by Books on Demand GmbH, Norderstedt / Germany